En souvenir
de nos vacances
aux Îles.
Solange
2006

Le Goût des Îles

Cuisine et saveurs des Îles de la Madeleine

Photographies de George Fischer et Pascal Arseneau   Préface de Normand Laprise

NIMBUS
PUBLISHING

Nimbus Publishing Limited
P.O. Box 9166
Halifax, NS   B3K 5M8
(902) 455-4286

Graphisme: Kate Westphal, Graphic Detail, Charlottetown, Î.-P.-É.

Imprimé et relié au Canada Catalogage avant publication de la Bibliothèque nationale du Canada

Fischer, George, 1954-
Le goût des Îles : cuisine et saveurs des Îles de la Madeleine / photographies de George Fischer et Pascal Arseneau préface de Normand Laprise.

ISBN 1-55109-478-9

1. Cuisine—Québec (Province)—Îles-de-la-Madeleine. I. Arseneau, Pascal, 1968- II. Titre.

TX715.6.F5275 2004   641.59714'797
C2004-901151-0

Canada

The Canada Council | Le Conseil des Arts
for the Arts | du Canada

Nous remercions le gouvernement du Canada qui, par le biais de son programme au développement de l'industrie de l'édition (PADIÉ) et le Counseil des Arts du Canada, nous a accordé son soutien financier.

DÉDICACE

à ma mère

Pascal Arseneau

à Claude Richard – lui aussi un grand chef, qui m'a permis de découvrir les gens des Îles au cours de 25 dernières années. Un grand merci.

George Fischer

REMERCIEMENTS

Les auteurs désirent souligner la contribution exceptionnelle de Évangeline Gaudet, Marjolaine Roy et Réginald Poirier. Un merci spécial à Brigitte Léger de l'Association Le bon goût frais des Îles, ainsi qu'aux chefs et producteurs des Îles de la Madeleine. Ce livre est le leur.

Le Goût des Îles, c'est la suite logique de tous ces repas de rois que nous avons partagés en famille et entre amis. Au prochain festin!

Table des matières

Crêpes aux bleuets et canneberges

1 œuf

50 g de farine

250 ml de lait

50 g de beurre fondu

250 ml de bleuets frais

100 g de canneberges

50 ml de miel

60 g de crème glacée ou de crème chantilly

100 g de crème pâtissière

Mélanger l'œuf au beurre fondu puis ajouter graduellement le lait et la farine. Idéalement dans un grand poêlon en fonte bien huilé, chauffer à feu moyen jusqu'à l'apparition d'une légère fumée. Mettre une quantité suffisante du mélange à crêpe de façon à couvrir la surface du poêlon d'une couche mince. Cuire environ 2 minutes de chaque côté ou jusqu'à l'obtention d'une belle couleur dorée. Répéter l'opération pour les 4 crêpes.

Dans le fond de la crêpe ajouter 25 g de crème pâtissière. Faire chauffer le miel à feu moyen et ajouter les canneberges jusqu'à ce qu'elles ramollissent. Ajouter les bleuets et déposer sur la crème pâtissière, ajouter la crème chantilly ou la crème glacée puis refermer la crêpe.

Luc Arseneau
Auberge de la Petite Baie

« On ne parle rarement de sucre chez les Madelinots et seulement lorsque le sucre n'est pas encore incorporé à une autre subsance. Presque toujours on dit douceurs, doux, adoucir, et ces trois mots produisent souvent dans la phrase le plus pittoresque effet. »

Frère Marie-Victorin, Chez les Madelinots, 1921

Sorbet de canneberges

166 ml de sucre blanc
166 ml d'eau
Faire bouillir 1 minute et refroidir.

750 ml de canneberges
750 ml d'eau
1 pomme
Zeste d'un citron

Cuire les canneberges dans l'eau bouillante pendant 5 minutes. Égoutter et passer au mélangeur. Tamiser pour enlever la pulpe. Ajouter au mélange le sirop, la pomme pelée et coupée en morceaux, le zeste de citron et la purée de canneberges. Mélanger pendant 30 secondes. Verser dans un plat et congeler 90 minutes. Remettre au mélangeur, ajouter un blanc d'œuf. Congeler de nouveau. Attendre quelques heures et servir dans une gaufrette, garni de coulis à l'érable.

Coulis à l'érable

250 ml de sirop d'érable
50 ml de kirsch
7 ml de menthe hachée finement

Mélanger les ingrédients et verser à la cuillère sur le sorbet.

*Linda Poirier et Monique Vigneau
Restaurant La Saline*

BIOGRAPHIES

George Fischer est l'auteur d'une trentaine d'affiches et d'une vingtaine d'ouvrages dont *Malta : A Journey Across Time, Chariots of Chrome – Classic American Cars of Cuba, Along the St. John River, Waterfalls of Ontario, Castles and Cottages of the 1000 Islands, Classic Wooden Boats, Le Québec maritime, Fenêtre sur les Îles* et *Rendez-vous aux Îles de la Madeleine.* Pour plus d'informations, visitez le site www.georgefischerphotography.com

Photo : George Fischer

Pascal Arseneau est natif de Havre-aux-Maisons aux Îles de la Madeleine. Il est passionné de photo et de cuisine. C'est aux côtés de photographes en reportage aux Îles qu'il apprend les rudiments du métier. En 1999, Pascal est récipiendaire de la Bourse George Farrah, décernée par la corporation culturelle Arrimage. Cette bourse lui permet de compléter un stage au Santa Fe Photography Workshops au Nouveau-Mexique. Ses photos sont publiées au Canada et aux États-Unis.

Photo : Garth Scheuer

La Fromagerie du Pied-De-Vent
Fromage au lait cru
Havre-aux-Maisons
(418) 969-9292

Le Fumoir d'Antan
Hareng fumé nature ou mariné
Havre-aux-Maisons
(418) 969-4907

Pêcheries Gros-Cap
Gamme de produits marins frais et transformés
Étang-du-Nord
(418) 986-2710

La Poissonnière
Marché de poissons et de fruits de mer frais
Cap-aux-Meules
(418) 986-5771

Les Serres Belle-Anse inc.
Tomates en serre, laitues, fines herbes, etc.
Fatima
(418) 986-5500

Participants

Linda Poirier et Monique Vigneau
La Saline
Havre-Aubert
(418) 937-2230

Pascal Jomphe
Chez Diane
Cap-aux-Meules
(418) 986-4686

Johanne Vigneau
La Table des Roy
Etang-du-Nord
(418) 986-3004

Luc Arseneau
Auberge de la Petite Baie
Havre-aux-Maisons
(418) 969-4073

Francine Pelletier
Auberge Chez Denis à François
(418) 937-2371

Évangeline Gaudet
Le Vieux Couvent - La Moulière
Havre-aux-Maisons
(418) 969-2233

Guylaine Richard
Club vacances « Les Iles »
Grande-Entrée
(418) 985-2833

Thérèse Bergeron
Auberge Havre Sur Mer
Havre-Aubert
(418) 937-5675

Fabien Arseneau
Auberge La Maison d'Eva-Anne
Havre-aux-Maisons
(418) 969-5053

Le bon goût frais des Îles

L'Association « Le bon goût frais des Îles » est un organisme sans but lucratif qui a pour mission de promouvoir et de développer la mise en marché des produits agroalimentaires des Îles de la Madeleine. Rechercher le logo « Le bon goût frais des Îles » ; un gage d'authenticité et de fraîcheur. Les producteurs suivants ont participé à cet ouvrage.

des ÎLES

Abattoir Chevarie
Cailles fraîches, œufs de cailles frais et marinés
Fatima
(418) 986-6416

Boucherie spécialisée Côte à Côte
Terrine, saucisses à base de viande des Îles
Cap-aux-Meules
(418) 986-3322

La Boulangerie Régionale des Îles
Produits de boulangerie, charcuterie, plats cuisinés, etc.
Étang-du-Nord
(418) 986-3615

Douceurs des Îles
Confiture de petits fruits sauvages
Étang-du-Nord
(418) 986-4731

Préface

Ce livre s'adresse à tous les amoureux de plages sauvages, de falaises rouges sculptées par les vagues de la mer et de dunes qui se prolongent à perte de vue.

Pour ceux qui connaissent les Îles de la Madeleine, ce livre sera un heureux rappel de mots, de souvenirs, d'images et d'émotions.

Et pour ceux qui ne connaissent pas encore les Îles, ce livre est l'occasion rêvée de découvrir une région unique du Québec. Je m'explique.

Les Îles regorgent de richesses naturelles fort diversifiées. On y retrouve une faune aquatique exceptionnelle. Amateurs de pêche et de bonne chère, vous y trouverez homards, gros pétoncles, pétoncles « princesse », crabes des neiges, plies, morues, flétans, couteaux, etc. Les producteurs locaux se feront un plaisir de vous les faire découvrir et déguster. En effet, les madelinots sont des gens chaleureux, accueillants et généreux.

Bien sûr, il n'y a pas que du poisson!

On y fabrique d'excellents fromages. On retrouve également plusieurs variétés de baies sauvages, d'herbes marines et autres végétaux typiques cultivés « bio » par les gens de la région.

C'est un endroit qui charme par la fraîcheur des produits qu'on y découvre et qui séduit par la beauté de ses paysages.

Traverser à vélo les champs de marguerites jaunes. Se promener sur la plage. Flâner au Café de la Grave. Rencontrer des artisans locaux. Déguster le hareng fumé. Faire des châteaux de sable. Rêver. Pêcher. Et respirer. L'air est pur aux Îles de la Madeleine. D'ailleurs, ce livre sera une vraie bouffée d'air frais pour tous ceux et celles qui prendront le temps de le lire et d'en admirer les photos. Il gravera ainsi dans les mémoires un paysage d'images aquatiques inoubliables.

Normand Laprise
Chef propriétaire, Restaurant Toqué!

entrées et plats d'accompagnement

Ceviche de pétoncles aux agrumes

1/2 oignon haché finement

125 ml de jus d'orange pressée

125 ml de jus de lime pressé ou citron vert

65 ml de pamplemousse rose pressé

15 ml d'huile d'olive

4 gouttes de Tabasco

1 pincée de sel et de poivre blanc

1 pincée de piment de la Jamaïque

15 ml de feuilles de coriandre fraîche hachées

1/2 pamplemousse rose pelé et coupé en dés

1 orange pelée et coupée en dés

454 g de pétoncles frais

4 feuilles de laitue frisée rouge

Coriandre fraîche

Mélanger l'oignon, le jus d'orange, le jus de lime, le jus de pamplemousse rose, l'huile d'olive et le Tabasco. Ajouter sel, poivre blanc, piment de la Jamaïque, la pulpe de pamplemousse rose et la pulpe d'orange. Mélanger, couvrir et laisser 2 heures au réfrigérateur. Au moment de servir, déposer les pétoncles crus sur un lit de feuilles de laitue, dans une assiette et recouvrir du mélange d'agrumes. Saupoudrer de coriandre.

Évangéline Gaudet
Le Vieux Couvent

Feuilleté de couteaux de mer, de buccins et de chanterelles

Pâte feuilletée de type filo
Beurre
15 g d'oignon vert haché
20 ml de vin blanc
125 ml de crème 15 %
100 ml de fumet de poisson ou de jus de palourdes
50 g de chanterelles
125 g de couteaux de mer
125 g de buccins
Persil frais haché
Sel et poivre

Faire fondre une noix de beurre dans un poêlon et faire revenir l'oignon vert haché. Déglacer avec le vin blanc et réduire de moitié. Ajouter le fumet de poisson ou le jus de palourdes, réduire encore de moitié. Ajouter la crème et réduire jusqu'à la consistance désirée. Ajouter les couteaux de mer et les buccins à cette préparation et mijoter quelques minutes pour réchauffer les mollusques. Éviter de trop cuire. Dans un autre poêlon, faire sauter au beurre les chanterelles assaisonnées de sel et de poivre. Déposer une portion de mollusques en sauce dans un carré de pâte feuilletée cuite et formée au préalable. Ajouter les chanterelles et le persil.

Luc Arseneau
Auberge de la Petite Baie

Flan au crabe des neiges

500 ml de crabe des neiges
400 ml de lait chaud
100 ml de crème 35 %
4 œufs
1 pincée de muscade
1 pincée de poivre de cayenne
125 ml de gruyère
Sel et poivre

Sauce au safran

100 ml de fumet de poisson
100 ml de vin blanc
100 ml de crème 35 %
100 g de beurre
2 g de safran
Sel et poivre

Déposer le crabe dans le fond de 6 petits ramequins légèrement beurrés. Mélanger lait, œufs, muscade, cayenne, sel et poivre. Verser sur le crabe. Ajouter le fromage râpé. Placer les ramequins dans un plat de cuisson rempli à moitié d'eau. Cuire au four à 300° pendant une vingtaine de minutes.

Réduire le fumet de poisson et le vin blanc. Ajouter le safran et la crème. Poursuivre la cuisson en remuant de temps en temps. Saler et poivrer. Incorporer le beurre et napper les flans au crabe de cette sauce.

Francine Pelletier
Auberge Chez Denis à François

Mousse au homard

320 g de chair de homard
284 ml de soupe de tomates
250 g de fromage à la crème léger
2 enveloppes de gélatine sans saveur
125 ml de poivrons verts et rouges
60 ml de céleri
60 ml d'oignons verts hachés
60 ml de jus de homard
250 ml de mayonnaise légère
Sel et poivre
Persil frais

Dans une casserole, faire fondre le fromage à feu doux. Ajouter la soupe de tomates et la mayonnaise et retirer du feu. Diluer la gélatine dans le jus de homard. Mélanger la gélatine au mélange de fromage, de mayonnaise et de soupe de tomates. Ajouter le homard et les légumes finement hachés. Assaisonner et verser dans un moule à aspic préalablement huilé. Mettre au réfrigérateur environ 6 heures. Démouler et décorer de persil frais.

Guylaine Richard
Club vacances « Les Îles »

Mousse de palourdes

15 ml d'huile d'olive
454 g de palourdes en conserve
100 ml de crème 35 % ou de lait évaporé
50 g d'oignons verts hachés
10 ml de vinaigre balsamique
50 ml de mayonnaise
Fines herbes au goût
Sel et poivre

Dans un poêlon, faire suer les échalotes dans l'huile. Placez les oignons verts hachés dans le robot culinaire. Incorporez les autres ingrédients, en terminant par la crème. Bien mélanger. Transférer dans un bol de service. Réfrigérer 1 heure avant de servir.

Fabien Arseneau
La Maison d'Éva-Anne

GOLFE

Tartinade de maquereau

Maquereau en conserve (1 boîte)
60 ml de poivron vert
60 ml de poivron rouge
1 oignon vert
1 branche de céleri
125 ml de mayonnaise
125 ml de fromage à la crème
500 ml de fromage râpé au choix
10 ml de vinaigrette italienne
Une pincée d'estragon
Sel et poivre
Pain baguette

Hacher finement les légumes. Mélanger tous
les ingrédients sauf le fromage râpé. Étendre
sur de longues tranches de pain. Saupoudrer
de fromage râpé et gratiner.

Guylaine Richard
Club vacances « Les Îles »

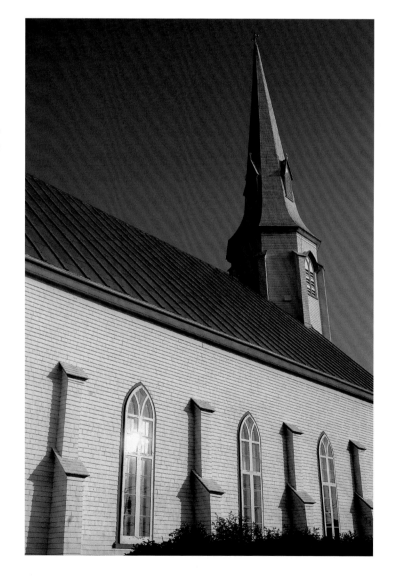

Histoire de fromage

La crème des Îles, un produit de fabrication artisanale à base de lait cru, est à l'origine du projet de ferme laitière et de fromagerie aux Îles. Il était coutume aux Îles d'acheter la crème de vache directement du producteur, de la ferme. Une crème tellement riche et épaisse qu'une cuillère y tenait debout. En 1998, un troupeau de vaches « canadiennes » arrive aux Îles. La ferme laitière est exploitée par la famille de Jérémie Arseneau ; Vincent Lalonde exploite la fromagerie.

Pied-De-Vent : un fromage du terroir
Le fromage Pied-De-Vent est une pâte demi-molle, légèrement pressée, affinée en surface pendant un minimum de 60 jours. Il est fait du lait cru d'un seul troupeau dont l'alimentation en foins mûrs des fourrages des Îles confère au fromage son caractère bien particulier.

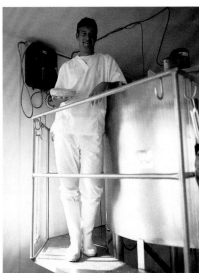

Rouleaux au Pied-De-Vent

200 g de fromage Pied-De-Vent coupé en 4 parts
  égales
4 feuilles de pâte à rouleaux impériaux
30 ml d'abricots séchés
30 ml de canneberges séchées
30 ml de miel crémeux
1 jaune d'œuf
Sel et poivre

Déposer le fromage et les fruits séchés sur les
feuilles de pâte, arroser d'un trait de miel et
poivrer. Rouler les feuilles de pâte et
humecter avec le jaune d'œuf légèrement
battu pour fermer. Frire à 350° pendant 2 à 3
minutes.

Vinaigrette d'accompagnement

125 ml d'huile d'olive
45 ml de vinaigre de riz
45 ml de jus de citron
60 ml de miel
5 ml de moutarde de Dijon
Sel et poivre

Passer tous les ingrédients au mélangeur à
haute vitesse. Déposer les rouleaux sur
quelques feuilles de laitue. Servir
accompagnés de la sauce.

Pascal Jomphe
Chez Diane

Le hareng fumé

La production de hareng fumé a débuté à Grande-Entrée en 1911. De longues bâtisses appelées « boucaneries » commencent alors à s'aligner en parallèle sur toutes les Îles. Ce poisson était destiné principalement au marché des Caraïbes. Les moyens de conservation étaient uniquement le séchage, le salage et le fumage. Le hareng pouvait ainsi se conserver pendant plus d'un an. En échange, les Caraïbes fournissaient les fruits séchés, le sucre et la mélasse. Avec la diminution des stocks de poisson dans les années soixante-dix disparaissent les « boucaneries ».

Depuis peu, l'augmentation des prises de hareng permet de nouveau la commercialisation du hareng fumé. D'abord au Fumoir d'antan, l'entreprise familiale des descendants de Fabien Arseneau, puis à Pêcheries Gros-Cap où de nouveaux produits dérivés permettent de renouer avec toute la saveur du hareng « boucané ». Frais, fumé, mariné, en sauce, en tapenade, le hareng est un poisson à redécouvrir !

Bâtonnets au hareng fumé

1 pâte à pizza non cuite
125 ml de beurre
20 ml de tapenade de hareng fumé
250 ml de mozzarella râpée
60 ml de hareng fumé coupé en petits morceaux

Étendre le beurre, puis la tapenade de hareng fumé sur la pâte à pizza. Recouvrir de fromage. Ajouter le hareng. Cuire à 400° pendant une dizaine de minutes. Découper la pizza en bâtonnets et servir.

Pêcheries Gros-Cap

Salade César au hareng fumé

1 laitue romaine

1/2 oignon rouge

30 ml de fromage parmesan

125 ml de croûtons à l'ail

Sauce à salade crémeuse au hareng fumé Pêcheries
Gros-Cap (ou une sauce à salade César)

1/2 filet de hareng fumé découpé en petits morceaux

6 œufs de cailles, bouillis et décortiqués (facultatif)

125 ml de tapenade de hareng fumé Pêcheries Gros-
Cap (facultatif)

1/2 citron

Laver, bien égoutter la laitue et trancher. Mettre dans un saladier. Ajouter l'oignon, la sauce à salade, le fromage, le hareng, les croûtons. Mélanger, presser le jus d'un quartier de citron sur la salade et servir. Les œufs de caille et la tapenade de hareng fumé peuvent être ajoutés sur du pain grillé au moment de servir.

Pêcheries Gros-Cap

La Poissonnière est un marché de poissons et de fruits de mer qui non seulement offre les arrivages les plus frais, mais qui propose depuis quelques saisons des sushi de grande qualité.

Soupe de poisson blanc

1 kilo de poisson blanc frais (plie, morue, flétan)
250 ml de pommes de terre en cubes
1 carotte
2 branches de céleri
1 oignon
1/2 poivron rouge
1 oignon vert
Feuilles de laurier
Huile d'olive
250 ml de vin blanc
500 ml de fumet de poisson
Sel, poivre et pesto

Couper les légumes en petits dés et faire revenir dans 20 ml d'huile d'olive. Mouiller avec le vin blanc et le fumet de poisson. Ajouter les cubes de pommes de terre. Mijoter une quinzaine de minutes. Couper le poisson en gros cubes et ajouter à la préparation. Incorporer une cuillerée de pesto. Poursuivre la cuisson 5 minutes. Saler et poivrer au goût.

Francine Pelletier
Auberge Chez Denis à François

Sauce aux tomates fraîches

2 grosses tomates, en quartiers
4 oignons verts
1 gousse d'ail
15 ml de poivron vert
10 ml de jus de lime
Quelques feuilles de basilic frais
Sel et poivre

Combiner tous les ingrédients et passer au robot pour obtenir une purée. Le goût sera plus prononcé si on laisse reposer la sauce. Parfait pour accompagner des plats de poisson ou de volaille.

Guylaine Richard
Club vacances « Les Îles »

Qu'on se le dise, les agriculteurs des Îles produisent les plus belles tomates qui soient : rouge, orange ou jaune, rondes, cerises ou italiennes. Elles sont gorgées d'un nectar juste assez doux pour vous en faire oublier l'acidité. Il y a là de quoi faire rougir les homards...

Tomates grillées au Pied-De-Vent

6 tomates italiennes

25 ml d'huile d'olive vierge

30 g de fromage Pied-De-Vent

12 tranches minces de prosciutto

Câpres

Persil marin

Sel et poivre

Utiliser des tomates mûres et fermes. Couper en deux dans le sens de la longueur. Placer sur une plaque allant au four. Arroser d'un filet d'huile d'olive. Mettre au four de 4 à 5 minutes. Tartiner de fromage. Déposer quelques câpres. Entourer chaque moitié de tomate d'une tranche de prosciutto. Arroser encore d'un filet d'huile d'olive. Passer sous le gril quelques minutes, jusqu'à ce que le prosciutto soit croustillant. Garnir de câpres et de persil marin.

Thérèse Bergeron
Auberge Havre-sur-Mer

plats de poissons et de fruits de mer

Moules marinières

2 kilos de moules bleues de culture
250 ml de vin blanc sec
1 oignon
4 oignons verts
2 branches de céleri
2 gousses d'ail
30 ml de beurre
Poivre, thym et basilic

Bien laver les moules. Couper les légumes en julienne. Déposer les moules et tous les ingrédients dans un chaudron. Couvrir. Cuire à feu vif jusqu'à ce que les moules s'ouvrent (de 4 à 6 minutes). Pendant la cuisson, remuer le chaudron de temps en temps. Déposer les moules cuites dans de grandes assiettes creuses, verser dessus le bouillon chaud et ajouter un brin de persil marin et un quartier de citron. Ne pas servir les moules qui ne s'ouvrent pas durant la cuisson.

Évangéline Gaudet
Le Vieux Couvent

Moules sauce au Pied-De-Vent

2 1/2 kilos de moules cuites (voir recette des moules
   marinières)
500 ml de bouillon de moules tamisé
250 ml de crème 35 %
200 g de fromage Pied-De-Vent
2 ml de zeste d'orange finement haché
30 ml de beurre manié

Chauffer à feu moyen le bouillon de moules,
ajouter la crème et le fromage Pied-De-Vent.
Mélangez jusqu'à ce que le fromage soit
fondu, épaissir avec le beurre manié et
ajouter le zeste d'orange. Verser la sauce sur
les moules cuites.

Évangéline Gaudet
Le Vieux Couvent

Pétoncles « jardinière »

454 g de pétoncles frais
1 petite carotte
2 tranches de navet
1 courgette
1 poireau
2 noix de beurre et 15 ml d'huile d'olive
15 ml de farine
100 ml de fumet de poisson
50 ml de crème 35 %
50 ml de vin blanc
Herbes fraîches

Couper les légumes en julienne. Faire sauter les pétoncles et les légumes dans le beurre et l'huile. Ajouter la farine et laisser cuire 1 minute. Déglacer avec le vin blanc et ajouter le fumet de poisson. Laisser réduire un peu puis ajouter la crème. Assaisonner de sel, de poivre et d'herbes fraîches.

Francine Pelletier
Auberge Chez Denis à François

Morue aux petits légumes croquants

2 gros filets de morue

1 poireau

1 carotte

1 branche de céleri

100 g de champignons

100 g de haricots verts

1 oignon vert haché

100 ml de fumet de poisson

200 ml de vin blanc

1 pincée de safran

100 ml de crème fraîche

Beurre

1 citron

Sel et poivre

Ouvrir chaque filet dans le sens de la longueur (en portefeuille). Couper le poireau, la carotte et les champignons en julienne. Blanchir les légumes dans différentes casseroles d'eau salée. Réserver. Beurrer légèrement le plat de cuisson, ajouter l'oignon vert et verser le fumet de poisson, le vin blanc et le safran. Saler et poivrer légèrement. Garnir l'intérieur des filets de la julienne de légumes. Disposer les filets de poisson garnis dans le plat et cuire au four à 350° pendant environ 20 minutes. Déposer les filets de poisson sur un plat de service. Incorporer la crème fraîche à la sauce et réduire quelques minutes. Ajouter le jus de citron. Napper les filets de poisson avec la sauce et servir.

Francine Pelletier
Auberge Chez Denis à François

Paupiettes de plie et de pétoncles aux chanterelles

16 pétoncles

4 filets de plie

2 oignons verts

30 ml de beurre

30 ml de vin blanc

100 ml de fumet de poisson

500 g de chanterelles

500 ml de crème fraîche

1 bouquet de cerfeuil

Sel et poivre

Hacher les oignons verts finement. Couper les filets de plie dans le sens de la longueur en lanières de 3 cm de largeur. Rouler un pétoncle dans chaque lanière. Faire légèrement revenir les oignons verts dans un plat de cuisson avec 10 ml de beurre, puis incorporer le fumet de poisson et le vin blanc. Réduire. Cuire les paupiettes de plie et les pétoncles à la vapeur. Saler et poivrer au goût. Dans une poêle contenant 20 ml de beurre, faire revenir les chanterelles. Saler et poivrer. Une fois le fumet réduit de moitié, incorporer la crème, mijoter quelques minutes et passer au tamis fin. Ajouter les chanterelles à la sauce, rectifier l'assaisonnement et servir cette sauce avec les paupiettes. Décorer de quelques feuilles de cerfeuil.

Francine Pelletier
Auberge Chez Denis à François

Ragoût marin

450 g de moules cuites décortiquées (conserver le
   bouillon de cuisson)
225 g de pétoncles
225 g de buccins (facultatif)
15 ml d'huile d'olive
15 ml de beurre
1 blanc de poireau en julienne
125 ml de vin blanc sec
250 ml de bouillon de moules
125 ml d'eau
1 feuille de laurier
1 tomate coupée en dés
Sel et poivre
1 pincée de safran
30 ml de crème 35 %
Persil

Faire revenir le poireau dans l'huile et le
beurre pendant 2 à 3 minutes, sur feu moyen.
Ajoutez le vin blanc, le bouillon, l'eau et la
feuille de laurier. Amener à ébullition, réduire
à feu doux et cuire de 8 à 10 minutes.
Ajoutez la tomate, le sel, le poivre, le safran,
les moules décortiquées, les pétoncles, les
buccins et la crème, prolonger la cuisson de 4
à 5 minutes. Verser le ragoût dans 4 assiettes
creuses ou dans des petits pains ronds
préalablement vidés. Décorer avec quelques
moules en coquille et le persil.

Évangéline Gaudet
Le Vieux Couvent

Homard à la vapeur

Les gens des Îles préconisent la cuisson à la
vapeur. Dans une casserole haute, amener à
ébullition quelques centimètres d'eau bien
salée. Placer les homards dans la casserole et
fermer avec le couvercle. Cuire 10 minutes
pour des homards de petite taille (moins
d'une livre), quelques minutes de plus pour les
plus gros.

Bouillabaisse

2 homards de 750 g chacun

150 g de flétan ou de sébaste

150 g de morue fraîche

2 filets de plie

12 moules bleues

12 palourdes

12 couteaux de mer

8 pétoncles avec leur corail si possible

Court-bouillon au safran

250 ml de tomates en dés

6 gousses d'ail

250 ml de poireau émincé

30 ml d'huile d'olive

250 ml de vin blanc

1 litre de fumet de poisson

Safran

Fenouil en grain et persil frais

Sel et poivre

Dans une casserole, faire revenir à l'huile d'olive l'ail et le poireau. Ajouter le vin blanc et parfumer d'une bonne pincée de safran. Porter à ébullition, ajouter le fumet de poisson et le fenouil. Poivrer au goût. Réduire le feu et laisser mijoter pendant 15 minutes. Cuire les homards 8 minutes à la vapeur d'une eau bien salée. Réserver au chaud. Pocher dans le court-bouillon les poissons, puis les coquillages. Égoutter et réserver au chaud. Ajouter le persil au court-bouillon. Rectifier l'assaisonnement et tenir au chaud. Fendre les homards dans le sens de la longueur et dresser avec poissons et coquillages dans un grand bol de service. Ajouter le court-bouillon bien chaud.

Johanne Vigneau
La Table des Roy

Pot-en-pot aux pétoncles et au homard

125 g de pommes de terre, coupées en dés

250 ml de fumet de poisson

125 g de crème 35 %

150 g de pétoncles

150 g de chair de homard

40 g de pâté de homard « tomalli » ou de corail de
    pétoncles

25 g de beurre manié (moitié beurre, moitié farine)

Pâte brisée additionnée de moutarde sèche

Chauffer les pommes de terre dans le fumet de poisson additionné de crème. Ajouter les pétoncles, le homard et mijoter le tout de 3 à 4 minutes. Mettre le pâté de homard ou le corail de pétoncles, le beurre manié et faire épaissir. Mouler 4 grands ramequins avec la pâte brisée. Remplir du mélange de fruits de mer, couvrir de pâte, dorer et mettre au four préalablement chauffé à 375° de 30 à 40 minutes.

Luc Arseneau
Auberge de la Petite Baie

Maquereau à la tapenade de hareng fumé

4 filets de maquereau
60 ml de tapenade de hareng fumé

Préchauffer le four à 375°. Dans un plat métallique allant au four, mettre les filets de maquereau côté chair sur le dessus. Badigeonner de tapenade. Cuire pendant une douzaine de minutes et servir.

Chaudrée de palourdes

125 g de bacon coupé en petits morceaux
1 oignon tranché finement
30 g de farine grillée
4 petites pommes de terre coupées en dés
1 boîte de 250 g de palourdes, réserver le jus
500 ml d'eau
500 ml de lait
1 noix de beurre
Sel et poivre

Frire le bacon jusqu'à pré-cuisson. Ajouter les oignons et faire dorer. Ajouter la farine et bien mélanger. Ajouter le jus de palourde en brassant jusqu'à épaississement, et assaisonner de poivre et d'un peu de sel. Ajouter l'eau et les pommes de terre. Couvrir et mijoter à feu doux de 20 à 30 minutes environ. Ajouter ensuite le lait et les palourdes, laisser mijoter pendant 5 minutes. Incorporer le beurre avant de servir.

Luc Arseneau
Auberge de la Petite Baie

Chaudrée de palourdes à la bière

45 ml d'huile d'olive

454 g de palourdes en conserve

4 carottes coupées en dés

1 branche de céleri coupée en dés

2 oignons finement hachés

385 ml de lait évaporé

250 ml de crème

1 kilo de pommes de terre pelées et coupées en dés

2 litres de jus de palourdes ou fumet de poisson

341 ml de bière

1 trait de cognac

Fines herbes, au choix

Sel et poivre, au goût

Dans une casserole faire chauffer l'huile d'olive. Ajouter les légumes et faire suer. Incorporer le cognac et flamber. Réduire de moitié et ajouter la bière, le fumet de poisson et les pommes de terre. Couvrir et cuire environ 20 minutes à feu moyen. Ajouter le lait et la crème, épaissir si nécessaire. Ajouter les palourdes quelques minutes avant de servir.

Fabien Arseneau
La Maison d'Éva-Anne

plats de viande

Chiard à la viande salée

50 ml de beurre

4 kilos de bout de côtes de bœuf salé

1 oignon émincé

500 ml de navet

500 ml de carottes

1 1/2 kilo de pommes de terre

75 ml de cassonade

2 litres de bouillon de bœuf

Poivre

La viande salée doit être au préalable désalée: Découper la viande en gros cubes et mettre dans l'eau froide pendant 24 heures. Une fois désalée, jeter l'eau, ajouter de l'eau fraîche et faire bouillir une trentaine de minutes. Égoutter. Dans un grand chaudron, faire revenir la viande avec le beurre et l'oignon. Ajouter la cassonade et caraméliser. Mouiller avec le bouillon de bœuf, assaisonner et laisser cuire environ 2 heures à feu moyen. Couper en cubes le navet et les carottes. Ajouter à la viande et laisser cuire environ 45 minutes. Ajouter les pommes de terre en cubes et cuire 30 minutes. Au cours de la cuisson, vérifier s'il manque du liquide et au besoin ajouter de l'eau.

Les poutines

250 ml de farine

15 ml de poudre à pâte

150 ml d'eau

1 pincée de sel

Tamiser ensemble la farine, la poudre à pâte et le sel. Ajouter l'eau et mélanger rapidement. Déposer à la grosse cuillère sur le dessus du chiard, recouvrir et laisser cuire environ 10 minutes.

Guylaine Richard
Club vacances « Les Îles »

Cailles farcies aux petits légumes

6 cailles et leurs abats

2 tranches de bacon

1 branche de céleri

1/2 poivron vert

1/2 carotte

1 petite pomme de terre

125 g de champignons

125 g de petits pois verts

3 oignons verts

125 ml de croûtons de pain

125 ml de vin blanc sec

125 ml de crème

2 gousses d'ail

Concentré de bouillon de poulet

Persil frais haché, marjolaine

Huile d'olive et beurre

Sel et poivre

Laver, saler et poivrer les cailles. Réserver. Trancher le bacon en lardons et faire rissoler avec les abats. Laisser tiédir, ajouter les croûtons et passer au robot culinaire pour réduire en petits morceaux. Hacher finement les légumes et mélanger avec les abats. Assaisonner de persil frais haché, de marjolaine et de quelques gouttes de concentré de bouillon de poulet. Farcir les cailles. Pour fermer, faire une petite incision dans une cuisse et y passer le bout de l'autre cuisse. Mettre dans un plat de cuisson avec un peu d'huile et une noix de beurre, couvrir et mettre au four préchauffé à 375° pour 2 heures (2 heures et demi pour des grosses cailles). Retirer du four, enlever les cailles du plat de cuisson et réserver. Déglacer avec le vin blanc, ajouter la crème et réduire.

Jérome Chevarie
Abattoir Chevarie

Pot-au-feu de loup marin

2 filets de loup marin

2 oignons tranchés

4 branches de céleri

4 carottes

1 poivron vert

1 poivron rouge

12 tranches de bacon

1/2 brocoli en bouquet

60 ml d'alcool à 40 %

Sel et poivre

Réchauffer le four à 350°. Découper la viande et les légumes en gros morceaux. Bouillir la viande pendant une quinzaine de minutes dans de l'eau salée. Bien rincer à l'eau froide. Déposer 6 tranches de bacon dans le fond d'une rôtissoire. Ajouter le loup marin, l'oignon, le poivron vert, et le poivron rouge. Ajouter sel et poivre. Recouvrir de 6 tranches de bacon. Arroser le tout avec l'alcool. Ajouter 500 ml d'eau. Couvrir et placer au four pour environ 2 1/2 heures. Arroser régulièrement avec son jus pendant la cuisson.

René Lapierre
Boucherie Côte à côte

Depuis quelques années, Carole Painchaud donne dans la confiture et perpétue ainsi une tradition insulaire. Son entreprise, qu'elle a nommée Douceurs des Îles, assure la fabrication et la mise en marché de confitures, de gelées, et de sirops à base dc fruits sauvages. Madame Painchaud préconise la cueillette des petits fruits à la main et l'utilisation de recettes artisanales. Elle privilégie aussi des appellations traditionnelles, comme en témoignent les produits suivants dont elle fait la commercialisation :

La petite fraise des champs

Il faut de la patience pour cueillir ce minuscule fruit. Plus sucrée que la fraise du marché, on en fait de la confiture bien sûr, mais plusieurs succombent à son charme bien avant d'être de retour la maison !

L'églantier

Le fruit du rosier sauvage est remarquable pour sa forte concentration en vitamine C. De la même famille que la framboise, ce fruit épineux est cueilli à la fin septembre. Le beurre d'églantier est d'une texture lisse et d'un goût qui s'apparente à l'abricot, à la prune et à l'orange. Le sirop d'églantier, au parfum d'agrumes, accompagne les crêpes et les gaufres. Il peut aussi servir de base à la vinaigrette.

La pomme de pré

La canneberge sauvage est aussi connue sous le nom d'atocas ou d'airelle à gros fruit. Reconnue pour ses propriétés curatives, la pomme de pré est cueillie à l'automne. On l'utilise et en confiture, en gelée, notamment dans la préparation de gâteaux et de tartes. La canneberge des Îles jouit d'une popularité grandissante et fait l'objet d'une vaste récolte encadrée par les autorités municipales.

Le berri

De son vrai nom « airelle alpine », ce petit fruit rouge vin mûrit à la fin de l'été sur les flans de buttes ou au bord des caps. La confiture de berri possède un goût suret qui n'est pas sans rappeler la cerise.

Carole Painchaud
Douceurs des Îles

les douceurs

Terrine de loup marin

680 g de filet mignon de loup marin haché
680 g de sanglier haché
3 tranches de pain
250 ml de lait
2 œufs
50 ml de Whisky
20 ml de sel
7 ml de poivre
7 ml de thym
7 ml de muscade râpée
7 ml de sel de céleri
14 ml de persil haché
125 ml de canneberges coupées en deux

Mélanger dans un bol les deux viandes. Faire tremper la mie de pain dans le lait. Battre les œufs, ajouter les condiments et le Whisky. Mélanger le tout, tasser dans une terrine. Mettre quelques feuilles de laurier sur le dessus. Couvrir de papier d'aluminium et cuire au bain-marie dans un four à 400°. Lorsque l'eau bout, baisser le four à 350° pour environ 90 minutes.

Linda Poirier et Monique Vigneau
Restaurant La Saline

Tarte aux canneberges

2 abaisses de pâte à tarte non cuite

750 ml de canneberges

60 ml d'eau

375 ml de sucre blanc

5 ml de cannelle

75 ml de fécule de maïs

Recouvrir le fond d'un moule à tarte d'une abaisse de pâte non cuite. Dans une casserole, cuire les canneberges avec le sucre, l'eau et la cannelle environ 15 minutes. Épaissir avec la fécule de maïs diluée dans un peu d'eau froide. Verser sur l'abaisse de tarte et recouvrir d'une autre abaisse de pâte à tarte. Cuire au four à 375° environ 30 minutes.

Guylaine Richard
Club vacances « Les Îles »